대한민국 예방 의학의 아버지 나라를 구한 의사
쌍천 이영춘

**대한민국 예방 의학의 아버지 나라를 구한 의사
쌍천 이영춘**

출간일	2022년 3월 1일
글/그림	조대현
기획	김종두
제작·후원	이영춘 연구회
펴낸곳	갓툰
주문 전화	032-322-1435
주소	경기도 부천시 한국만화영상진흥원 비즈니스센터 306호
홈페이지	www.godtoon.net
이메일	yhs10040191@hanmail.net
계좌번호	국민은행 591901-01-554650 갓툰
ISBN	979-11-90250-18-4 07230
정가	15,000원

이 책의 저작권은 이영춘 연구회가 소유합니다. 신저작권법에 의하여 보호받는 저작물이므로 무단 전재와 무단 복제를 금합니다.

대한민국 예방 의학의 아버지 **나라를 구한 의사**

만화
쌍천
이영춘

|기획| 김종두 |글·그림| 조대현

추천사

천상에서 내려온 하얀 가운

이영춘 박사님을 처음 마주한 것은 제가 초등학교에 다닐 때였습니다. 그분은 '자혜진료소'를 세워 전북 인근에서 농촌 의료 봉사 활동을 하고 계셨습니다. 그러면서 제가 다니던 대야(大野)초교와, 부근의 개정(開井)초교 같은 여러 학교를 순회 방문하며 아이들을 진찰하고 치료해 주셨습니다.

그날은 예방 주사를 맞는 날이었습니다. 아이들은 주사기를 든 의사 선생님이 무서워 주춤거렸지만, 저는 반장이어서 용감하게 모범을 보이며, 제일 먼저 박사님 앞으로 다가갔습니다. 박사님의 흰 가운, 머리에 쓴 반사경, 목에 두른 청진기… 모든 것이 신기하고 거룩하게 느껴졌습니다. 그분의 조용한 음성과 손짓과 몸짓은 하늘이 내린 사람처럼 환상적이고 멋졌습니다.

그날 저는 의사가 되겠다고 다짐했습니다. 나중에 제가 의사가 되어, 더 자세하게 알게 된 박사님의 삶은 첫인상과 다르지 않은 박애와 봉사의 일생이었습니다. 지금도 의사인 저는 그날의 첫 만남을 되새겨 보곤 합니다. 스스로를 낮추고 한없이 겸손한 자세로 외진 데, 응달진 곳을 찾아 봉사와 헌신의 생애를 일관하신 박사님은 세상을 밝히는 영원한 '등불'입니다.

이영춘 박사님의 생애를 다룬 만화가 출간된다니 한량없이 기쁩니다. 만화를 기획하고 그려 낸 작가님들에게 감사 드립니다. 제가 박사님을 만나고서 의사가 된 것처럼, 이 책을 읽고 많은 청소년이 미래를 꿈꾸며 선한 영향을 받기를 소망합니다.

이길여 (가천대학교 총장 / 길병원 설립자)

나라를 구한 의사 '쌍천 이영춘'

'하나는 영혼을 살리고, 하나는 몸을 살린다'는 의미의 '쌍천'이라는 호는 이영춘 박사님이 일생 동안 어떤 길을 걸어오셨는지를 여실히 보여주는 것 같습니다. 일평생을 바쳐 가난한 농민들의 영혼과 육체를 살리기 위해 헌신하신 이영춘 박사님의 생애는, 그 고된 일상과 부담감을 너무도 잘 아는 저에게는 커다란 울림으로 다가왔습니다.

대한민국의 건강보험 제도는 비록 문제점도 있지만, 전 세계인들이 인정하고 부러워하는 최고의 사회 안전망입니다. 코로나19라는 전염병과 도무지 끝이 보이지 않는 싸움 속에서, 하루에도 몇천 명의 확진자가 발생하는 지금의 상황에서, 건강보험 제도가 없었다면 얼마나 많은 국민들이 치료도 받지 못하고 죽음을 맞이했을까요?

이영춘 박사님은 당시 농민들이 빈곤에 허덕이느라 병원에 갈 엄두도 내지 못한다는 것을 아시고, 모든 이가 걱정 없이 병원을 찾을 수 있도록 농촌 지역 의료보험을 도입하신 분입니다. 물론 발전된 지금 형태의 건강보험 체계와 완전히 같지는 않겠지만, 사람들이 건강한 생활을 영위할 수 있도록 하신 이영춘 박사님의 혜안에 존경과 감동의 마음을 금할 수 없습니다.

이필수 (대한의사협회 회장)

추천사

사랑의 의술로 세상을 바꾼 이영춘 박사

전라북도 군산에는 이영춘 마을이 있습니다. 세브란스 의전원을 졸업하고 장래가 유망했던 의사 이영춘. 그는 자신을 앞세우지도, 스스로를 드러내지도 않으면서, 일제 강점기의 참혹한 수탈과 6·25 전쟁으로 피폐해진 농촌과 농민을 위해 평생 외길을 걸으셨습니다.

모든 것이 부족하고 어렵던 시절, 이 선생님의 눈길은 항상 궁휼한 마음으로 소외된 이들에게 향했습니다. 그리고 그 사랑은 그대로, 군산과 전북 지역을 넘어 전국으로 그 선한 영향력이 되어 파급되었습니다. 세상을 바꾸는 선생님의 삶은 바로 사랑 그 자체였습니다.

이 책은, 남을 위해 자신의 능력과 열정을 불태우며 이 사회에 선한 영향력을 행사하여 궁극적으로 국가를 변화시킨 쌍천 이영춘 박사의 일대기입니다. 돈과 명예 그리고 부를 추구하는 것이 삶의 목표가 되어 가는 이 시대에, 한 사람의 봉사와 헌신의 삶이 개인을 넘어 사회와 온 나라에 얼마나 큰 변화를 가져올 수 있는지 보여 줍니다. 사회의 리더로 자라나고 싶은 꿈 많은 우리 청소년들에게 삶의 목표와 자아 개발을 위하여 이 만화를 꼭 한번 읽어 보기를 권합니다.

유대현 (연세대학교 의과대학 학장)

교육과 인술에 몸을 바친 뜻을 기리며

쌍천(雙泉) 이영춘 박사님이 개정(開井) 농촌위생연구소의 소장으로 계시면서 당시 국민의 건강을 위협했던 결핵과 매독, 기생충을 3대 '민족의 독(毒)'으로 규정하고 퇴치에 나서셨던 것은 역사가 기록하고 있는 업적이기도 합니다. 의사이자 학자로서 국민을 위해 사랑을 실천하신 행적은 실로 눈부셨습니다.

개정 간호전문대학과 화호(禾湖)여자중·고등학교를 건립해 간호 인력을 양성하심은 물론, 학생들에게 큰 배움의 길을 열어 주셨습니다. 이는 당시의 교육환경으로 보면 획기적인 일이자, 미래를 준비하는 길이기도 했습니다.

'학생 중심 미래 교육'을 기반으로 전북 교육의 대전환을 모색하는 저에게 쌍천 이영춘 박사님의 길은 선각자의 행보이시기도 합니다. 박사님의 민중과 학생 사랑의 마음을 이어받아, 더 따뜻한 교육으로 우리 전북의 미래를 설계하고 싶습니다. 그 길이 쌍천 이영춘 박사님의 뜻을 기리는 것이라고 생각합니다.

서거석 (제15·16대 전북대학교 총장 / 국가 아동정책 조정위원)

추천사

애정과 헌신으로 평생을 봉사한 삶

초등학교 1학년 때 축구를 하다 다리가 부러진 적이 있습니다. 치료를 위해 어머니께서는 대야에서부터 저를 업고 김경식 박사님이 계신다는 개정병원까지 먼 길을 걸어가셨습니다. 당시 그렇게 큰 병원은 처음이어서 모든 것이 무섭고 신기했던 기억이 납니다.

성장해서 이영춘 박사님의 이야기를 듣고 배우며, 그 후배였던 김 박사님 역시 농민을 위해 희생·봉사한 훌륭한 의사 선생님이었다는 것을 알게 되었습니다. 개정병원에 헌신적 의료 활동을 펼친 좋은 의사분들이 많이 계셨다는 사실에 우리 군산이 못내 자랑스러웠습니다.

코로나19 팬데믹에 그 어느 누구 하나 중요하지 않은 역할이 없는 지금, 어쩌면 우리 모두가 추구하는 그런 삶을 살아온 이영춘 박사의 삶과 업적은 여러 가지 시사하는 바가 아주 큽니다. 의사로, 교육자로, 종교인이면서 사회봉사자로 타인을 배려한 시간을 살았던 그 자취에 대한 기록이, 지금 우리가 직면한 많은 문제 앞에서, 그 시절에는 무엇을 배우고, 어떻게 극복했는지를 배우는 좋은 기회가 될 것 같습니다.

강임준 (군산 시장)

숨겨진 영웅 이영춘 박사

오랜 세월 삶의 흔적을 묵묵히 끌어안고 있는 아름드리나무의 낙엽이 흩날립니다. 잠시 쌓인 낙엽을 바라보며 역사 속의 많은 영웅을 생각해 봅니다. 어려울 때 나라를 구한 지도자부터 백성까지, 그들이 바로 우리나라의 근간을 이루어 낸 영웅들이며, 이영춘 박사처럼 가난하고 소외된 농민들에게 의료의 혜택을 베푼 분이 진정한 숨겨진 영웅이라고 생각됩니다.

이영춘 박사는 의사, 교육자이셨고, 그의 호인 '쌍천'의 의미는 '두 개의 우물'을 뜻하며 하나는 '영혼을 살리는 우물'이고, 또 하나는 '육신을 살리는 우물'이라고 합니다. 그의 이력을 보면 유난히 국내 최초로 시행을 많이 하였는데 토종 의학박사 1호, 농촌 지역 의료보험 조합 실시, 학교 급식 실시, 학교에 양호 교사제, 학교 위생실 설치 등이 있습니다. 그리고 1935년부터 1980년까지 45년간 전북에서 농민 진료, 농촌 보건과 위생사업에 헌신한 의사이자 사회운동가였습니다.

이렇게 대단한 분을 지금이라도 많이 알리기 위한 노력이 이루어지고 있어서 다행이라고 생각합니다. 또한, 이영춘 박사에 관한 책이 몇 권이 나와 있지만, 어린이부터 어른까지 쉽게 접할 수 있는 만화책이 만들어져 무척 반가웠습니다. 우리 역사 속에 민초들이 있었고, 그 민초들이 굳건히 버티며 나라의 근간을 이루어 낸 것처럼, 이영춘 박사님과 같은 위인이 있었기에 우리가 이렇게 이 땅을 밟고 살아갈 수 있는 것이라고 생각합니다.

이창수 (군산시 의사회장)

차례

추천사 • 004

1장 이영춘, 의사가 되다 • 012

1   군산으로 떠난 여행 • 013
2   이영춘, 의사가 되다 • 024
3   삶의 전환점이 된 세브란스 의전 시절 • 031
4   인생의 스승을 만나다 • 036
5   교수의 길로 들어서다 • 038
6   평산에서 공의가 되다 • 041
7   제1호 국산 의학박사가 되다 • 045

2장 소작인들을 위해 청춘을 바치다 • 050

8   청년 의사, 농촌 개정으로 가다 • 051
9   농민 진료에 젊음을 던지다 • 058
10 의료 활동의 큰 그림을 그리다 • 068
11 최초의 무료 급식과 양호실 설치 • 072
12 쌍천이란 호를 얻다 • 080
13 농촌위생연구소 설치를 요구하다 • 082

3장 결핵, 기생충, 성병과 싸우다 • 088

14 일본의 패망과 조선의 해방이 찾아오다 • 089
15 농촌에 남기로 결단하다! • 093
16 자립적으로 농촌위생연구소를 세우다 • 100
17 결핵, 기생충, 성병과 싸우다 • 112
18 발전해 가는 농촌위생연구소 • 123

| 19 | 간호사를 양성하다 • 124 |
| 20 | 김금련 여사를 동역자로 맞이하다 • 131 |

4장 농촌에서 나라를 구하다 • 136

21	6·25 전쟁과 경찰 병원 신설 • 137
22	포화 속에서도 지켜 낸 농촌위생연구소 • 144
23	인재들의 요람 농촌위생연구소 • 148
24	우량아 선발 대회 • 151

5장 예방 의학의 산실 농촌위생연구소 • 156

25	휴전과 재정적 위기 • 157
26	모세스 영아원을 만들다 • 166
27	농촌위생연구소의 성과들 • 168
28	농촌의료보험 제도를 만들다 • 171
29	한미 재단과 씨그레이브 기념 병원 설립 • 175

6장 우리 시대 큰 어른 • 182

30	아름다운 마무리 • 183
31	로터리 클럽을 통한 사회봉사 활동 • 187
32	무소유의 삶을 실천한 이영춘 박사 • 192
33	모든 과업을 마치고 • 197

| 약력 | 쌍천 이영춘 박사의 약력 • 205 |
| 부록 | 사진으로 보는 이영춘 박사 • 208 |

1장

이영춘, 의사가 되다

예방 의학의 선구자이며 농민을 사랑한 의사

그렇군요~ 의대에 다닌다면 더욱 잘 오셨습니다.

제 이야기 속에서 참 좋은 의사 한 분을 만나게 될 것입니다.

그분은 우리나라 예방 의학의 선구자였으며, 교육자였고, 사회사업가였죠.

지금도 그분이 눈에 어른거립니다.

그분의 삶 속으로 들어가 볼까요?

2 이영춘, 의사가 되다

1903년 10월 6일, 이영춘은 평안남도 용강군 대동강 하류의 가난한 농촌에서 5남 1녀 중 막내로 태어났다.

응애!

응애!

그 녀석 목소리 한번 우렁차고 좋구나.

응애

응애

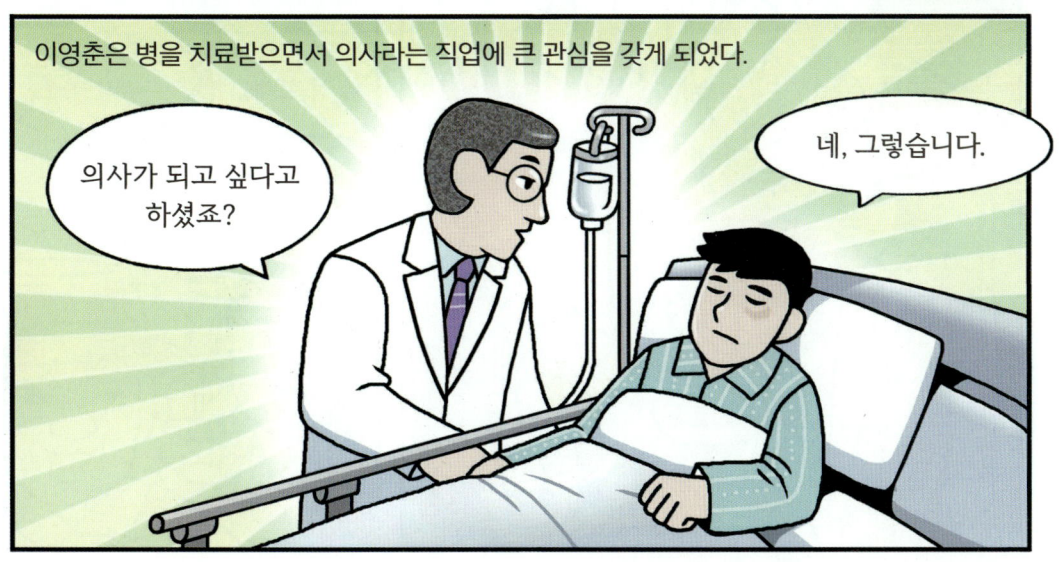

3 삶의 전환점이 된 세브란스 의전 시절

이영춘은 학교에 다니기 위해 평양에서 서울 서대문으로 이사를 온다. 재학 시절에 교사 출신 김순기 양과 결혼도 했다.

축하합니다!

두 사람 잘 어울려요!

4년 동안의 세브란스 의전 시절은 배움에 목말랐던 이영춘에게 가뭄에 단비 같은 황금기였다.

한순간의 시간도 낭비해서는 안 된다. 공부에 전념해야 돼.

영춘이, 너무 열심히 하는 거 아냐?

저 친구는 도대체 놀 줄을 모르는 사람 같아.

예방 의학의 선구자이며 농민을 사랑한 의사

6 평산에서 공의가 되다

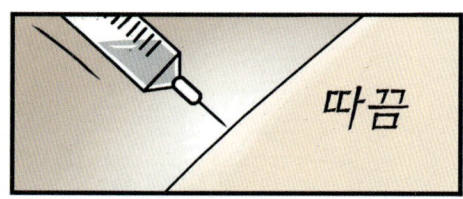

나의 좋은 친구 영춘,
잘 지내고 있나?
세브란스 의전 병리학 교실에 조수 자리가 났는데
함께 일했으면 하네.
빠른 시일 내에 답장 주길 바라네.
(세브란스 의전 동기생 최재유로부터)

-1933년 가을-

편지를 받은 이영춘의 고민은 더욱 깊어졌다.

여보, 이번 기회에 학교로 돌아가요. 더 이상은 버티기 힘들어요.

당신은 개업의보다 학교 연구실이 더 맞는 것 같아요.

결국 이영춘은 평산의 공의를 내려놓고, 3년 만에 다시 세브란스 의학전문학교로 돌아가게 된다.

7 제1호 국산 의학박사가 되다

젊은 날 병에 걸려 학교 교사직을 그만두고 요양할 때 세브란스 의학전문학교 출신 의사를 만나, 환자도 고치고 생활의 안정도 찾을 수 있는 좋은 직업이라고 여기고 의사란 직업에 흥미를 갖게 되었다.

- 나의 교우록 p.17

2장

소작인들을 위해 청춘을 바치다

8 청년 의사, 농촌 개정으로 가다

예방 의학의 선구자이며 농민을 사랑한 의사

1903년 10월, 일본인 구마모토는 조선에서 가장 비옥한 땅 전라북도 옥구군을 선택하여 개정면 평야 지대에 농장을 개장한다. 개정을 본부로 옥구, 김제, 정읍에 약 900만 평 경작지가 있었고, 소작농 3천 가구 2만여 명이 함께 살아가고 있었다.

구마모토는 가축들을 위해 수의사만 두고, 정작 소작농들을 위한 의사를 두지 않은 것에 죄책감을 느꼈다.

지금이라도 의사를 초빙하여 무료 진료를 해야겠어.

예방 의학의 선구자이며 농민을 사랑한 의사

10 의료 활동의 큰 그림을 그리다

1936년 겨울, 이영춘의 아내 김순기가 폐결핵으로 세상을 떠났다.

아이고~ 아이고~

쯧쯧, 이 일을 어쩌면 좋대요?

이영춘 박사님도 큰 충격을 받았을 텐데.

이영춘은 다섯 아이들의 양육을 노모에게 맡겼다.

하지만 이영춘은 아내를 잃은 슬픔에서 쉽게 벗어나지 못했다.

11 최초의 무료 급식과 양호실 설치

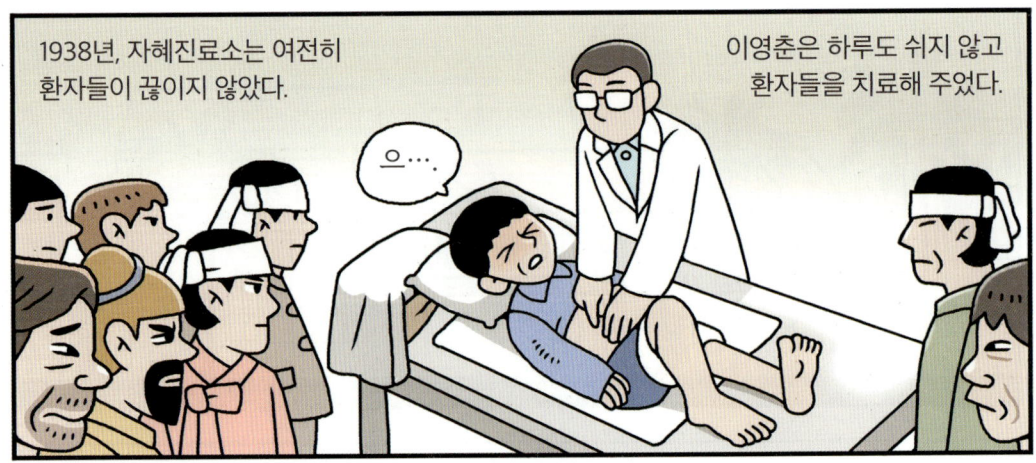

예방 의학의 선구자이며 농민을 사랑한 의사

12 쌍천이란 호를 얻다

예방 의학의 선구자이며 농민을 사랑한 의사

황해도 평산, 산골에서 개업을 하니 무료 진료를 할 수 없었다, 나 자신 농가 출신으로 가난한 농촌 실정을 알지만, 이렇게까지 처절한 가난은 처음 겪으면서 마음이 힘들어 잠 못 이루는 날이 많았다.

- 나의 교우록 p. 21

3장

결핵, 기생충, 성병과 싸우다

빠아아아아아아 앙

14 일본의 패망과 조선의 해방이 찾아오다

1945년 8월,
미국은 일본 히로시마와 나가사키에
원자폭탄을 투하했다. 며칠 뒤 일본은
항복했고, 전쟁은 끝이 났다.

쿠쿠쿠쿠쿵

예방 의학의 선구자이며 농민을 사랑한 의사 089

예방 의학의 선구자이며 농민을 사랑한 의사

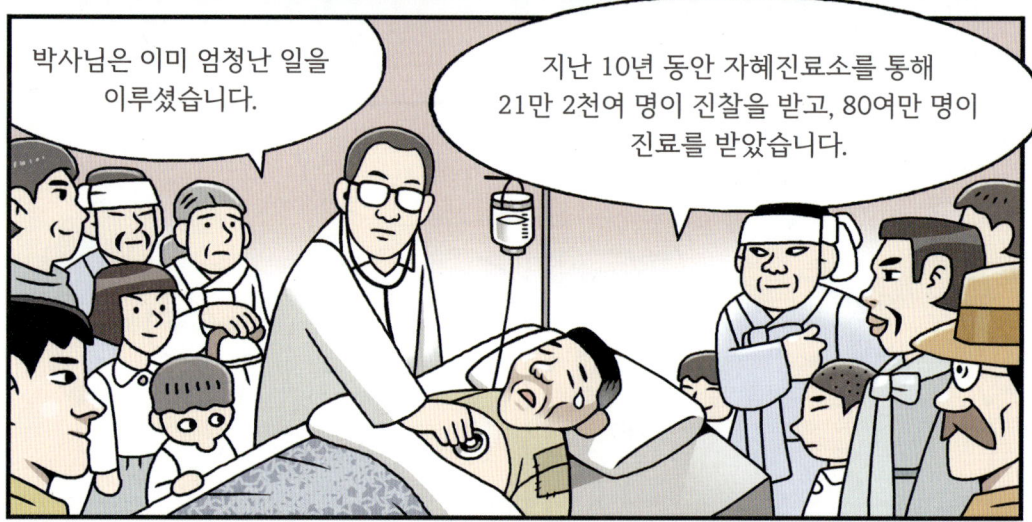

16 자립적으로 농촌위생연구소를 세우다

예방 의학의 선구자이며 농민을 사랑한 의사

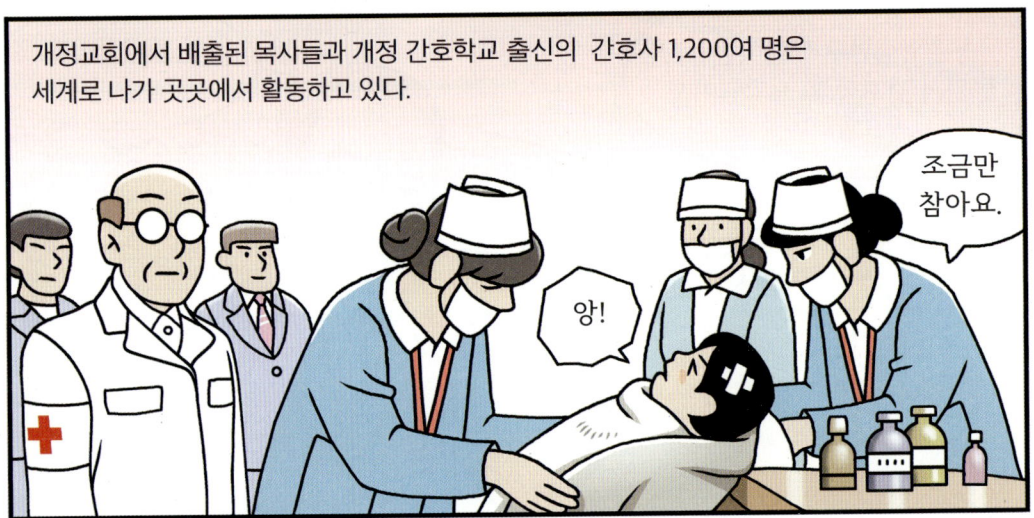

예방 의학의 선구자이며 농민을 사랑한 의사

17 결핵, 기생충, 성병과 싸우다

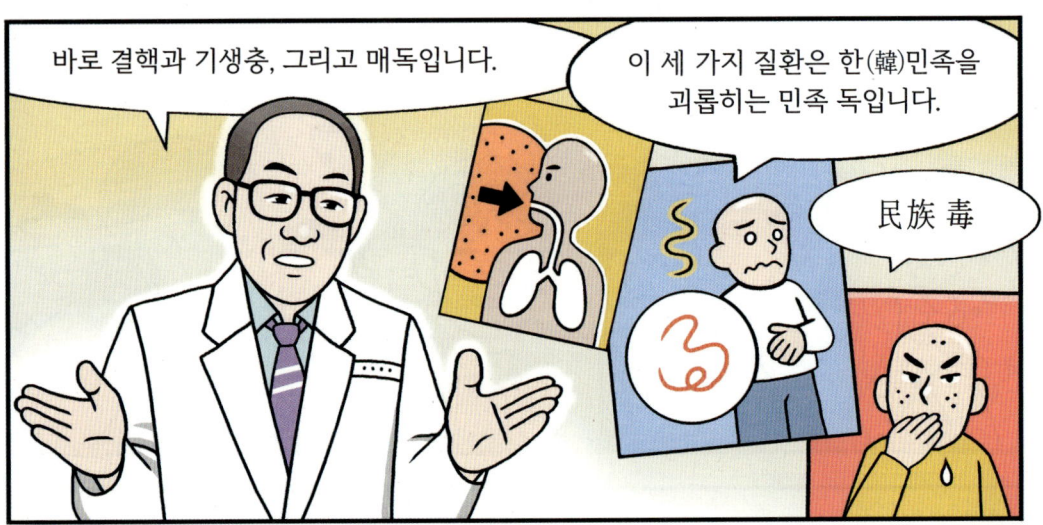

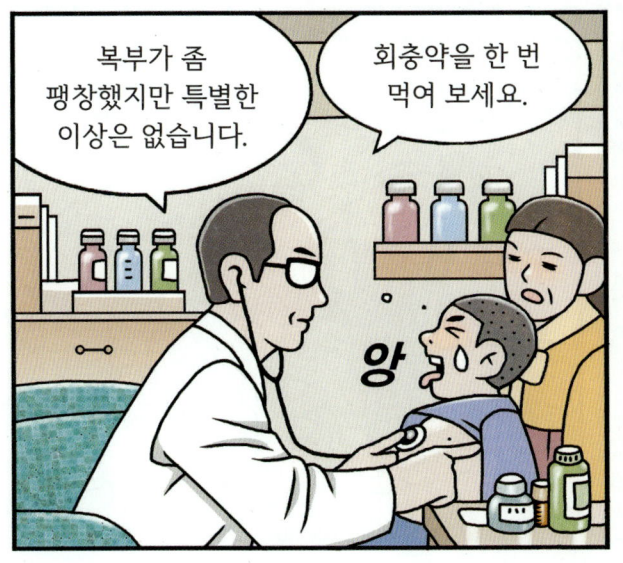

예방 의학의 선구자이며 농민을 사랑한 의사

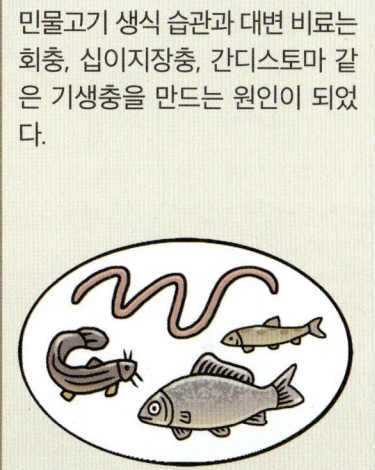

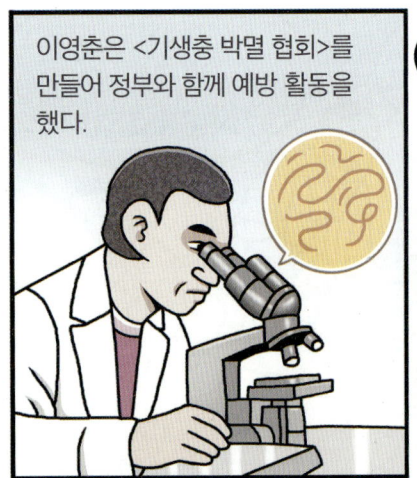

18 발전해 가는 농촌위생연구소

예방 의학의 선구자이며 농민을 사랑한 의사

19 간호사를 양성하다

<농촌위생연구소>가 개소된 이후 한 가지 문제가 생겼다.

"자격을 갖춘 간호사 구하기도 힘들고…"
"전국의 간호사 수도 부족해…"

"그러게 말입니다. 큰 도시에도 병원들이 많으니"
"간호사들이 개정 같은 농촌으로 오려고 하겠어요?"
"음… 이 문제를 어떻게 해결하지? 사람을 키우는 일이 필요한데."

그때 마침 <중앙토지행정처>에서 2천만 원을 보내왔다.

公文

농촌위생연구 사업에 큰 성과를 낸 단체를 찾던 중에 <농촌위생연구소>가 가장 알맞은 단체로 판단되어 기금을 보내오니 잘 활용하시기 바랍니다.
-중앙토지행정처-

예방 의학의 선구자이며 농민을 사랑한 의사

20 김금련 여사를 동역자로 맞이하다

1929년 의과대학 졸업식장에서 스승 애비슨 학장님이 "치료보다는 예방이 더 중요함을 기억하십시오. 예방 의학이 부자가 되기는 어려우나 널리 백성을 이롭게 하는 일이며, 공중 보건은 의학 연구와 노력의 최종 목표입니다." 하신 훈시 말씀이 나의 평생의 좌우명(座右銘)이 되었다.

- 나의 교우록 p. 18

4장
농촌에서 나라를 구하다

21 6·25 전쟁과 경찰병원 신설

1950년 6월 25일, 전쟁이 일어났다. 북괴군이 파죽지세로 3일 만에 수도 서울을 함락했다.

공산군이 계속 밀고 내려오자, 사람들은 남쪽으로 피난길을 떠났다.

큰일 났다.

무서워.

쿵…

예방 의학의 선구자이며 농민을 사랑한 의사

그렇게 해서 이영춘과 최재유는 부산으로 피난을 갔다. 피난지 부산에 도착한 이영춘은 은사 오한영 박사의 집에 머물게 됐다. 오한영 박사는 1·4 후퇴 당시 보사부 장관을 지냈다.

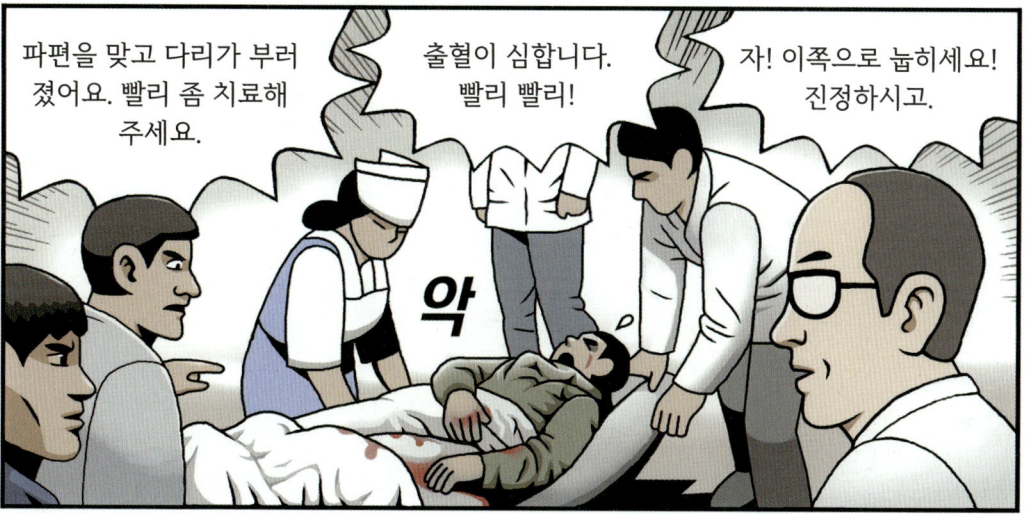

예방 의학의 선구자이며 농민을 사랑한 의사

22 포화 속에서도 지켜 낸 농촌위생연구소

1950년 9월 15일, <인천 상륙 작전>의 성공으로 국군과 UN군은 인천에 진입할 수 있었다.

맥아더 장군

1950년 9월 28일, 인천 상륙 작전 13일 만에, 서울이 함락된 지 3개월 만에 서울 수복에 성공하였다.

만세! 다시 서울을 찾았다!

와 와 와 와

23　인재들의 요람 농촌위생연구소

1951년, 1·4 후퇴로 두 번째로 공산당 치하에 들어갔던 서울을 UN군의 반격으로 다시 찾았다.

돌격 앞으로!

쿵 쿵 쿵 쿵

끼이이이 쾅

1951년, 이영춘은 큰 교통사고를 당했다.

악! 어떡해 이 선생님이 튕겨져 나갔어.

이영춘은 한국에 처음으로 도입된 결핵 치료약 <파스>를 구입하려고 부산에 다녀오는 길이었다.

악!

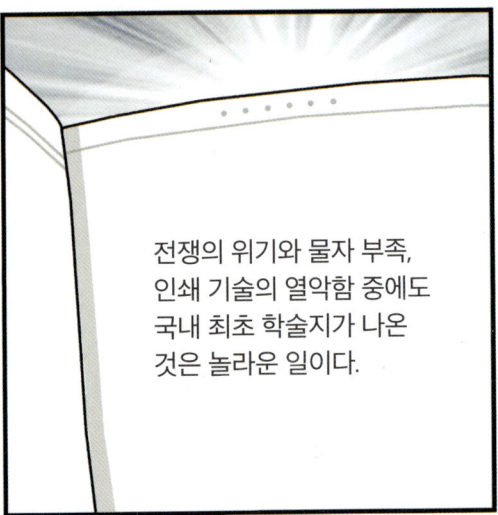

24 우량아 선발 대회

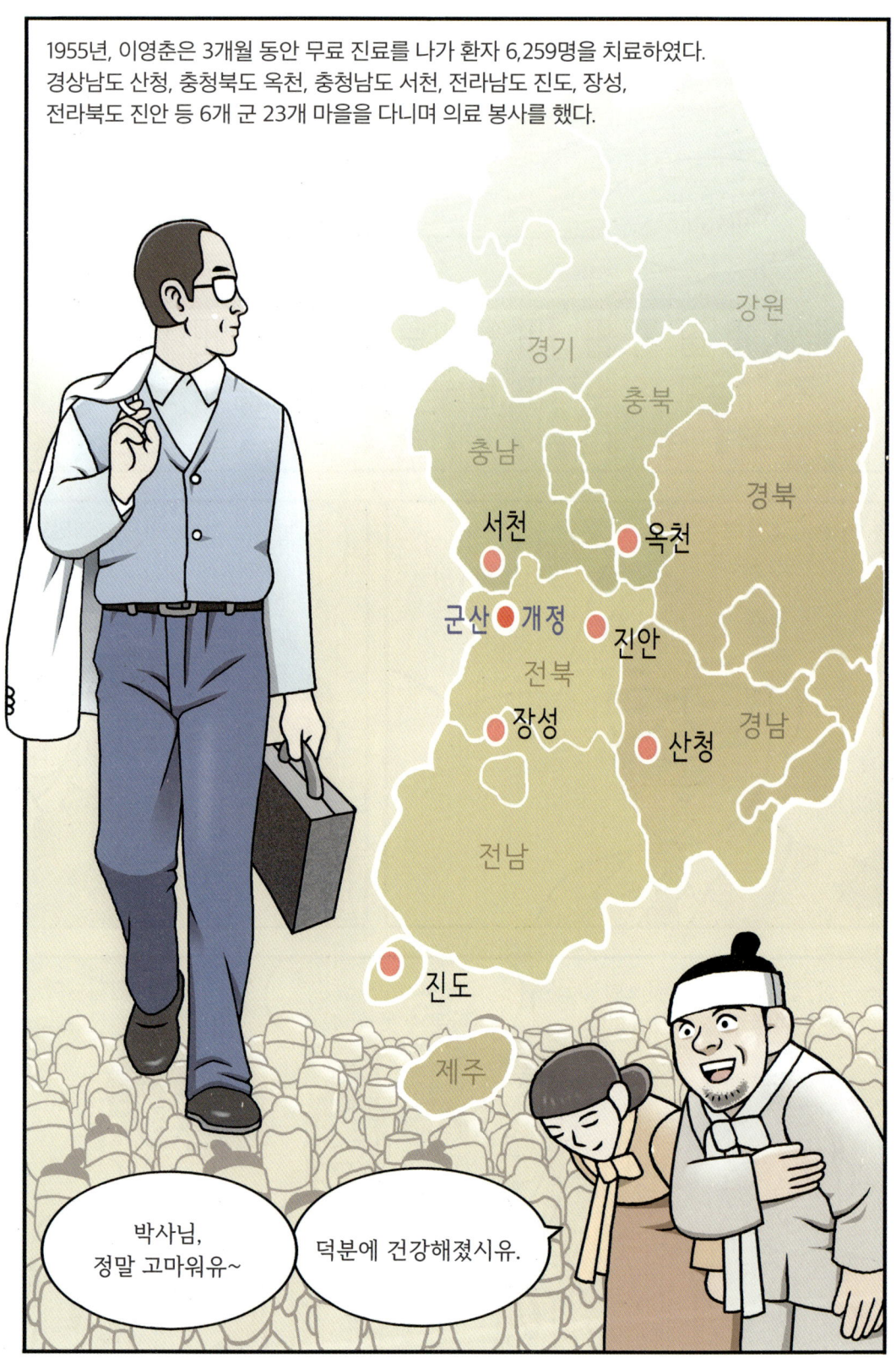

구마모도 농장주가 나에게 "진료소 시설을 가지고 적당한 곳에서 개업을 하는 것이 어떠냐?"고 제안하였다. 나는 "자혜진료소는 농민을 위해 세워진 것이니 농민을 위해 쓰일 것으로 믿으며, 나는 새로운 조국 대한민국을 위해 일할 것이다"라고 대답했다. 그 후 소작인 총대 50명이 찾아와, "이 선생이 우리를 버리고 떠나시면 우린 죽을 수밖에 없으니 진료소를 계속 운영해 달라"고 하는 요청을 차마 뿌리칠 수 없었다.

- 나의 교우록 p. 47

5장

예방 의학의 산실 농촌위생연구소

25 휴전과 재정적 위기

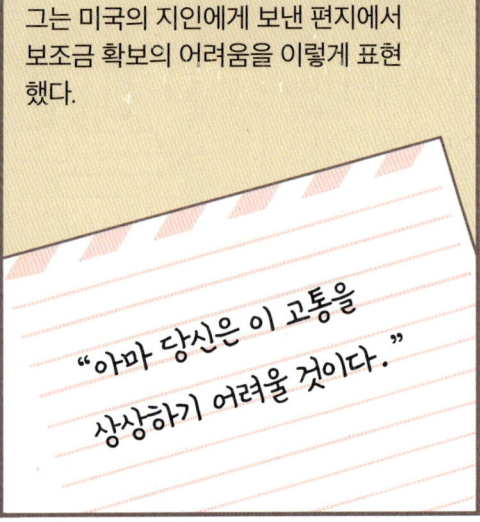

예방 의학의 선구자이며 농민을 사랑한 의사

26 모세스 영아원을 만들다

예방 의학의 선구자이며 농민을 사랑한 의사

27 농촌위생연구소의 성과들

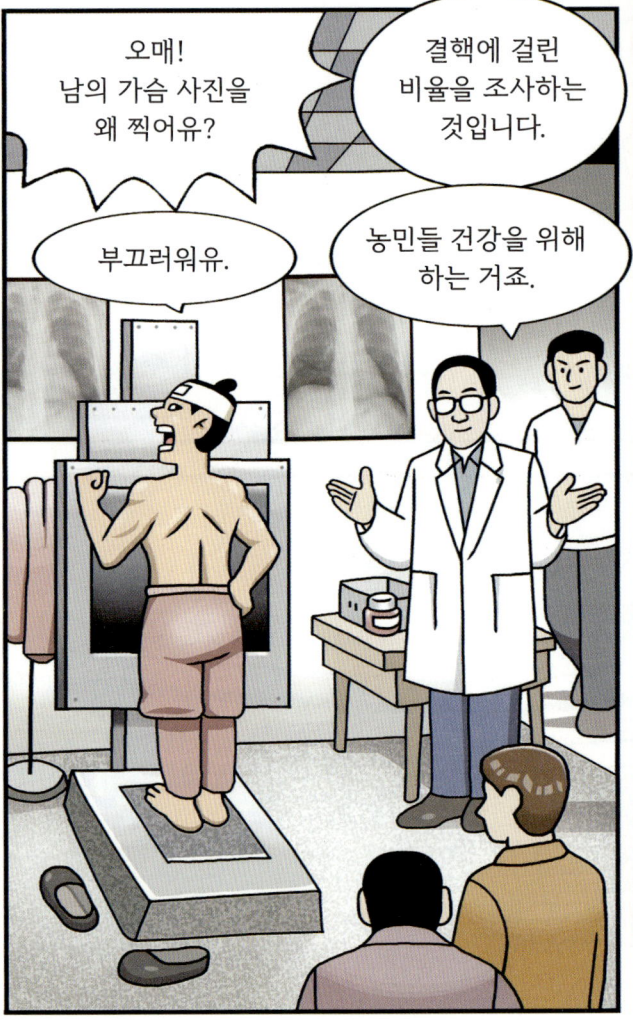

28 농촌의료보험 제도를 만들다

29 한미 재단과 씨그레이브 기념 병원 설립

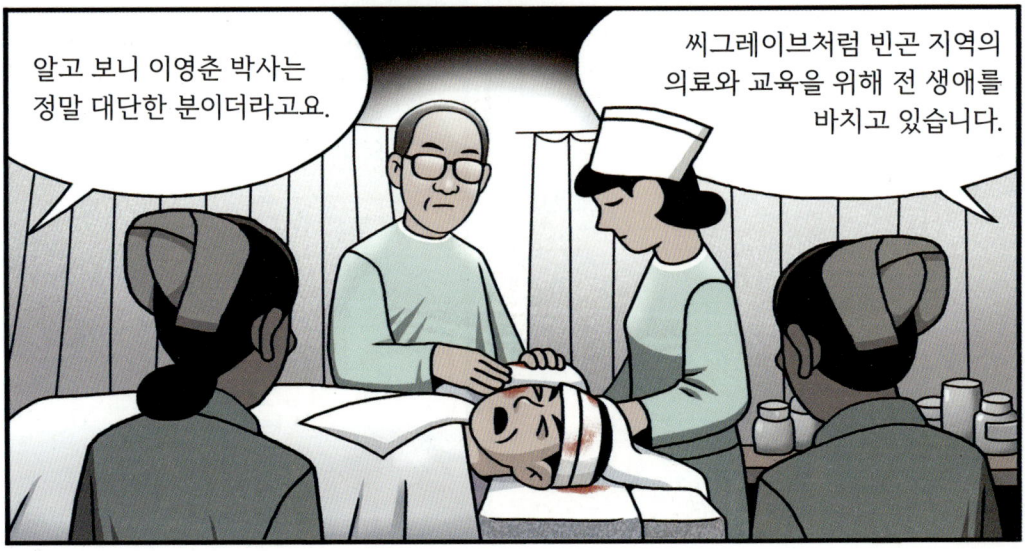

농촌위생연구소가 의사, 보건 간호사들을 더 많이 교육하여

소외된 지역에 의술을 공급하는 연구소로 성장하기를 기대합니다.

씨그레이브 기념 병원은 1935년부터 삼십 년이 넘게 이어진 이영춘의 헌신적인 활동에 대한 선물이기도 했고, 농촌위생연구소가 재도약할 수 있는 마지막 기회이기도 했다.

1970년 8월 1일, 옛 <개정병원> 자리에서 <씨그레이브 기념 병원>이 개원했다.

한미 재단에서 병원을 건축하여 무상으로 농촌위생연구소에 기증한 것이다.

예방 의학의 선구자이며 농민을 사랑한 의사

당시 60만 달러가 소요되었고, 대지 2,526평에 지상 4층, 지하 1층으로, 96개의 병상을 갖춘 대형 병원이 탄생했다.

농촌이 민족의 원천(源泉)인데도 결핵, 매독, 기생충이 농촌에 침투하고, 극심한 유아 사망과 나병 등 위생 문제가 민족 중독 현상을 초래하여 위기에 빠져 있다. 다사다난한 신생국가로서 당장에 불가능한 일이지만 적어도 농촌 보건을 목표로 추진해야 할 것이며, 짧은 시간에 주목을 끌만한 성과가 보이지 않는 사업일지라도 허다한 난관을 이겨내고, 문화 혜택이 없는 순수 농촌에 들어가 일할 청년들이 감동을 받아 동참하기를 바라는 바이다.

"농촌위생 창간사"에서 - 교우록 p.162-163

6장

우리 시대 큰 어른

30 아름다운 마무리

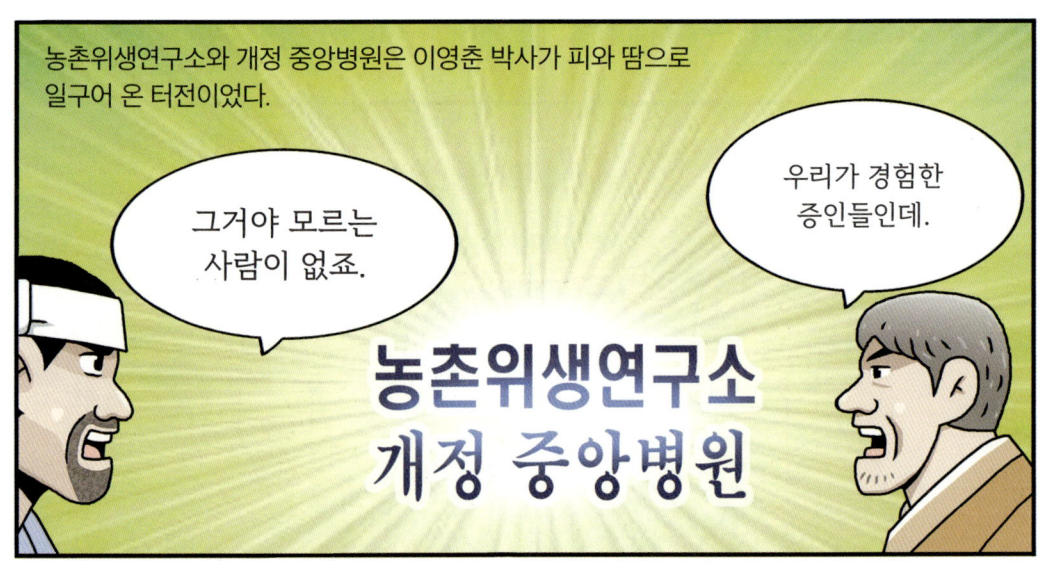

이로써 35년 넘게 이어져 온 농촌위생 사업이 이영춘의 손을 떠났다.

31 로터리 클럽을 통한 사회봉사 활동

병원에서 물러난 이영춘은 활동의 영역을 넓혀 국가와 지역 사회에서 봉사하기 시작했다.

국제 로터리 클럽 활동입니다.

로터리 클럽은 가난한 사람들에게 배움의 기회를 주고, 기부와 봉사를 실천하는 민간 단체이다.

1905년에 미국에서 시작되었습니다.

1927년, 한국에서도 로터리 클럽 활동이 시작되었으나, 전라북도는 지부도 없었고 이해도 부족했다.

아까운 내 돈을 왜 기부한다요?

봉사 활동이 뭐디?

뭐지?

예방 의학의 선구자이며 농민을 사랑한 의사

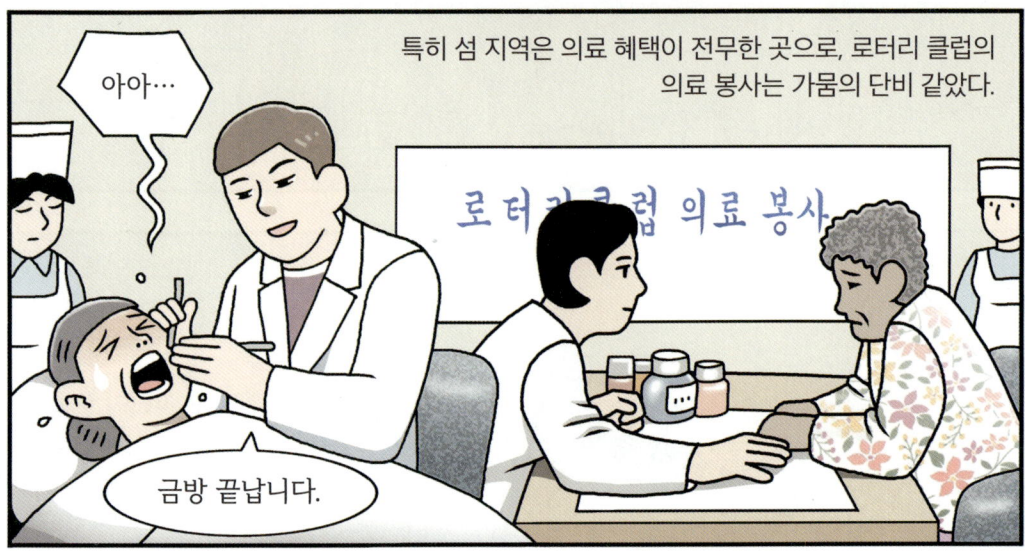

32 무소유의 삶을 실천한 이영춘 박사

군산에 이렇게 훌륭한 분이 계셨군요.

심지어 이 집조차도 자녀들에게 물려주지 않았고 어떤 특혜도 주지 않았습니다.

그분은 의료 활동을 위해 해외로 가지 않았고, 가까운 이웃을 섬겼습니다.

가장 진솔한 의료인이며 신앙인이었습니다.

그분은 예수님이 말씀하신 "네 이웃을 사랑하라"는 말씀에 순종한

정말 감동입니다.

33 모든 과업을 마치고

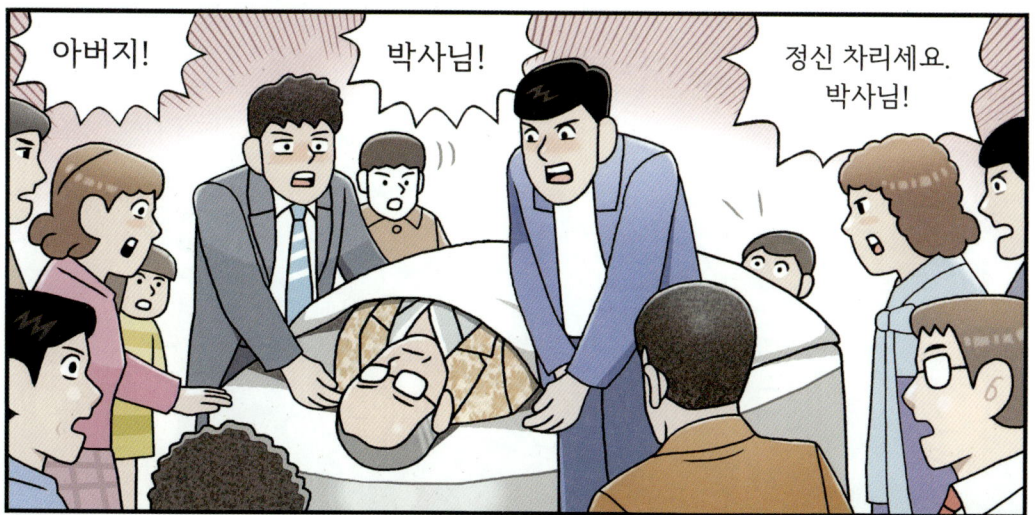

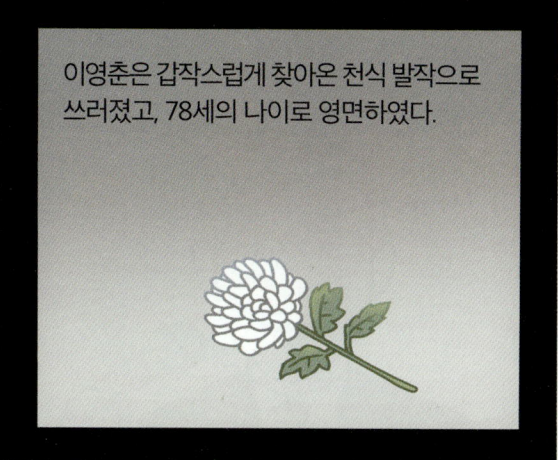

예방 의학의 선구자이며 농민을 사랑한 의사

2003년 10월 16일, 이영춘 박사의 탄생 100주년 기념 사업이 시작됐다.

이영춘 박사가 거주했던 집은 지방 문화재로 지정됐고, 그의 행적을 기념할 추모 기념관으로서의 면모도 갖추었다.

서울 신촌 세브란스 병원에 가면 "세브란스의 인물, 세상을 밝히는 고귀한 실천"이라는 명예의 벽에는 한국 초기 선교사 알렌과 언더우드, 애비슨과 함께 "농촌 위생의 선각자 이영춘"이 나란히 등재되어 있다.

병을 고치는 의사를 작은 의사(少醫)라고 할 수 있고, 사람을 고치는 의사는 중간 의사(中醫)입니다.

나라 또는 지역을 고치는 의사를 큰 의사(大醫)라고 볼 수 있는데, 이영춘 박사님은 가장 어려운 시대에 일생을 바쳐 나라를 고친 진정한 큰 의사, 우리의 모범이 된 큰 어른이셨습니다.

- 김명선 박사(전 연세대학교 부총장, 전 연세의료원 원장)

쌍천 이영춘 박사의 약력

1903년   10월 16일 평안남도 용강군 귀성면 대영리에서 부친 이종현과 모친 김아옥의 5남 1녀 중 막내로 출생

1916년   평안남도 광양만공립보통학교 졸업

1922년   평양고등보통학교 본과 졸업

1923년   평양고등보통학교 사범과를 졸업하고, 평양에서 북쪽으로 40킬로미터 떨어진 성천군 별창공립보통학교 훈도로 근무하다.

1924년   경북 대구공립보통학교 훈도로 전보 발령을 받고 근무. 이 기간에 제1종 교원 시험과 전문학교 입학 자격 시험에 합격하다. 습성근막염에 걸려 학교를 퇴직하고, 3개월간 요양하면서 의사가 되기로 결심하다.

1925년   서울 세브란스 의학전문학교에 수석으로 입학하고, 선배 김명선의 전도로 남대문교회를 출석하면서 기독교에 귀의하고 청년부 활동 시작하다. 이듬해 김익두 목사로부터 세례 받고 교회학교 교사로 봉사하면서 교회 활동과 의학 연구를 병행하다.

1929년   세브란스 의학전문학교 졸업하고 생리학 교실에서 선교사 J.D. Vanbuskirk의 지도 아래 조교로 근무하다. 이듬해 China Medical Journal에 의학연구논문을 발표함.

1930년   황해도 평산군 적암면 온정리에서 "평산의원"을 개업하였으나, 가난한 농촌에서 적정 진료비를 회수할 수 없어 3년 만에 폐업함. 이때 한국 농촌의 보건과 진료 현실을 몸으로 체험하게 되다.

1933년   세브란스 의학전문에 병리학 강사로 부임하여, 윤일선 교수 지도로 강의 및 연구 활동을 다시 시작함. 일본 교토(京都)대학 박사 과정에 연구 논문들을 제출하여 2년 후인 1935년 "생체에 니코틴이 성호르몬에 미치는 영향 연구" 논문으로 의학박사 학위를 취득함.

| 1934년 | 9월 경성제대 학생과장 와타나베 도옹 교수의 소개로 전북 개정면의 구마모도 농장의 무료 진료소 소장 제의를 받다.

| 1935년 | 4월 전북 옥구군 개정면에 소재한 구마모도(熊本) 농장 자혜진료소 소장으로 부임하여 농장 소속 소작인 3,000세대, 20,000명에게 무료 진료 시작하다. 개정보통학교에 학교 보건을 담당하고, 아동의 질병에 관한 연구를 시작하며, 5년 뒤에 3개월 동안 무료 급식을 실시하다.

| 1941년 | 군 단위로 "학교 위생회"를 설립하여 회장에 취임하여, 학생과 학부모를 상대로 위생 교육을 실시하고, 개정, 대야 초등학교 결핵 아동 치료를 시작하다.

| 1945년 | 전라북도 도립 군산병원(현 군산의료원) 초대 원장을 겸임하다.

| 1948년 | 7월 개정 농촌위생연구소 설립하고 소장에 취임하다.

2월 자택에서 모여 예배를 드림으로 개정교회를 개척하다.

| 1950년 | 6·25 전쟁 발발로 부산으로 피난하였고, 그곳에서 "국립 경찰병원" 창설에 참여하다.

| 1951년 | "개정 고등위생기술원 양성소"(현 군산 간호대학)를 설립하고 초대 교장에 취임하다. (1973년에 세대학원으로 이양하고, 1999년 교명을 군산 간호대학으로 개명)

개정 농촌위생연구소를 "재단법인 농촌위생원"으로 확장 발전하다.

| 1954년 | 민간 기관으로는 최초로 "개정 보건소"를 설립하다.

| 1955년 | 화호여자중학교(현 정읍 인상고등학교)를 설립하다.

1957년 일심영아원(현 모세스 영아원)을 설립하다.

1958년 사단법인 대한공중보건협회와 사단법인 대한위생동물협회 회장에 선임되다.

1961년 대한가족계획협회 창립위원 및 이사로 활동하다.

화호여자고등학교(현 정읍 인상고등학교)와 개정 뇌병원(신경정신과병원)을 설립하다.

1964년 사단법인 대한기생충박멸협회 창립위원, 협회장으로 선임되다.

1966년 버마 선교사로 40년을 농촌의료 선교를 담당하던 고든 시그레이브 기념 사업에 이영춘 박사를 선정하여, 1971년 시그레이브 기념 병원으로 개정병원을 증축하다. (한미 재단)

군산 로터리클럽 회장에 선임되다.

1974년 국제 로터리클럽 377지구(전라남북도) 총재에 취임하다.

1975년 연세대학교에서 명예법학박사 학위를 받다.

1980년 기관지 천식으로 별세, 대한민국 국민훈장 무궁화장 추서받다.

1 평안남도 용강에서 태어나, 평양고등보통학교를 졸업한 이영춘 박사의 고등학교 시절 사진 (1922년)

2 1925년 서울 세브란스 의학전문(현재 연세대학교 의과대학)에 입학한 이영춘 박사의 대학생 시절 사진

3 의과대학 학생 시절에 봉사와 섬김을 배운 기독청년회(YMCA) 친구들과 찍은 사진(1927년)

사진으로 보는 이영춘 박사

4 1929년 의과대학을 졸업하고, 의사 면허를 받았을 때 이영춘 박사의 세브란스 의학전문 졸업 사진

5 한국인 지도교수(윤일선)에 의해 최초로 박사 학위를 받은 청년 의사 이영춘, 동아일보 기사 (1935.6.19.)

6 1935년 4월에 당시 전북 옥구군 개정면에 부임한 청년 의사 이영춘(자혜진료소 앞에서)

7 개정에 오자마자 힘겹게 살아가는 소작인들을 위한 개정 자혜진료소를 신축하다(1935년 8월, 신축, 128평방미터, 진찰실, 수술실, 약국, 실험실)

8 동양 농촌위생 회의에 참석하여 세계 농촌의 위생 개선 방향을 배운 이영춘(1937년 인도네시아 자카르타)

9 어린이 건강 보호를 위해 한국에서 최초로 양호실을 설치한 개정초등학교(1939년)

사진으로 보는 이영춘 박사   211

10 어린이를 진료 중인 이영춘 박사

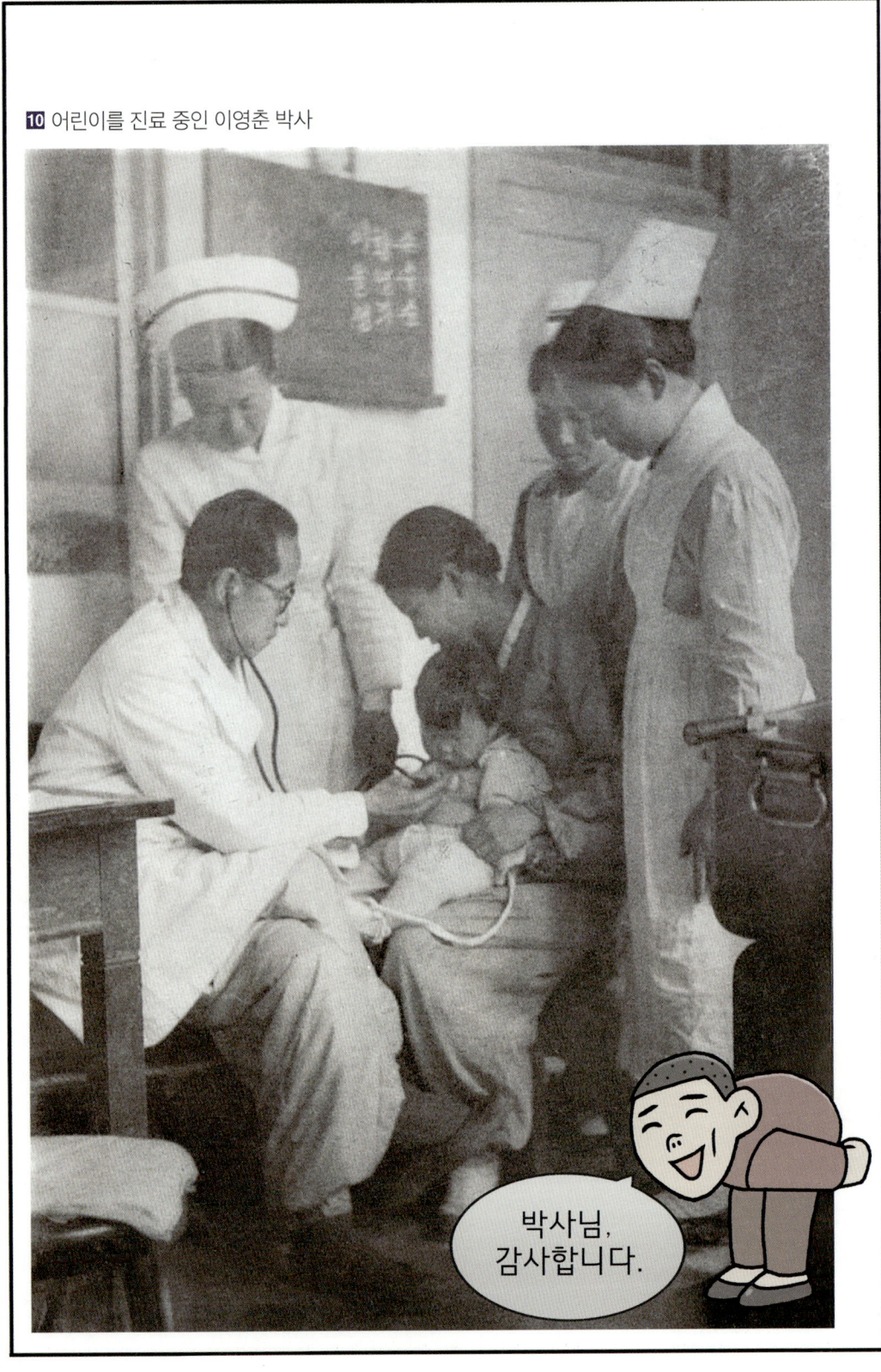

11 농민들을 위한 진료소가 전라북도 8개 지역으로 확대되다(1950년대 진료소 위치)

이영춘박사의 진료 활동 범위: 중앙병원(개정, 화호), 진료소 8지역

12 한국농촌위생원, 개정 중앙병원 준공식에서 연설하는 이영춘 박사(1948년 7월)

13 농민을 위한 종합적인 예방과 보건을 위한 한국 농촌위생원, 개정 중앙병원을 건립하다(1948년 7월)

14 정읍 화호리에 위치한 화호 중앙병원(원장: 김성환, 설립자 이영춘, 앞줄 왼쪽에서 두 번째)

15 농촌 보건을 위한 인력 양성을 위해 1951년 설립된 개정 간호대학(현 군산간호대학)

16 한국 최초로 결핵 예방을 위해 집단 BCG접종 시범 사업(1952년)

17 개정초등학교 어린이 위생을 위해 벼룩, 이 구제를 위해 DDT를 살포(1953년 전쟁 직후)

18 1949-1957년간의 개정면 영아 출생률과 사망률 비교 조사 결과 그래프

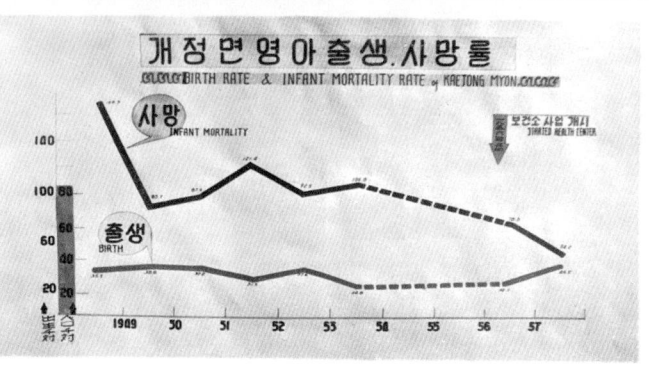

19 농촌을 방문하여 보건 조사와 계몽 활동을 가는 개정 간호대학 학생들(1959년)

20 이영춘 박사가 설립한 개정 간호대학(현 군산간호대학) 제6회 졸업 사진(1959년)

21 이영춘 박사가 설립한 한국농촌위생연구소의 전체 모습(연구소, 중앙병원, 결핵요양소, 개정 간호대 등)

22 농촌 보건의 중심 역할을 했던 한국 농촌위생연구소 건물(1960년대)

23 국민 건강을 해치는 기생충을 없애기 위해 설립한 기생충박멸협회 초대 회장으로 선출되다.(1960년)

한국기생충박멸협회 창립, 초대 회장 이영춘박사(1960년 4월)

24 1960년대 기생충 퇴치 운동 사진과 포스터

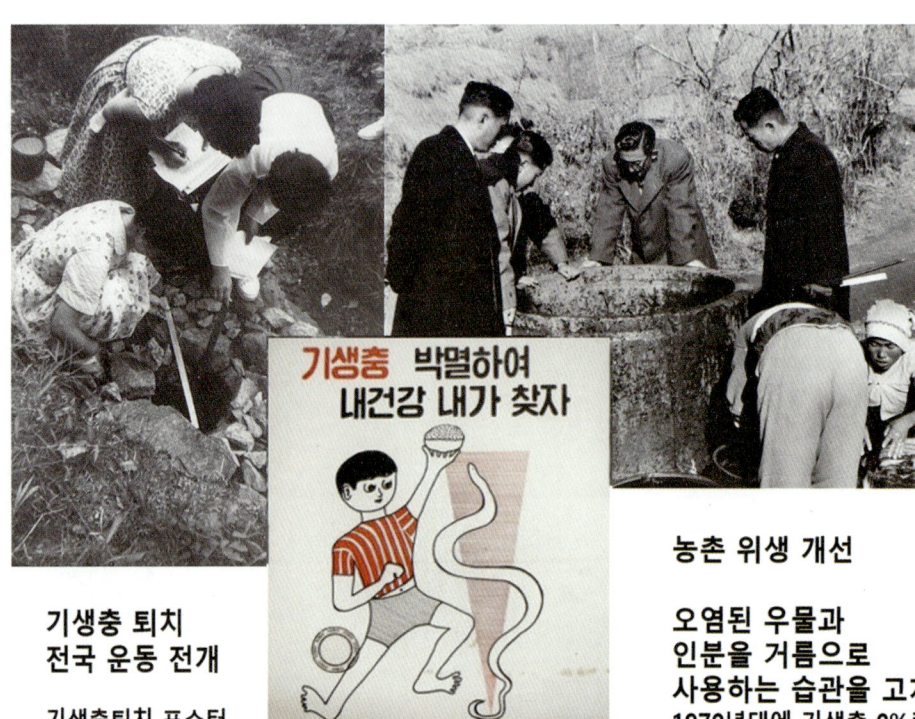

기생충 퇴치
전국 운동 전개

기생충퇴치 포스터

농촌 위생 개선

오염된 우물과
인분을 거름으로
사용하는 습관을 고쳐
1970년대에 기생충 0%로

25 농촌 무료 의료 봉사단에게 진료를 받기 위해 몰려든 인파들(1960년대)

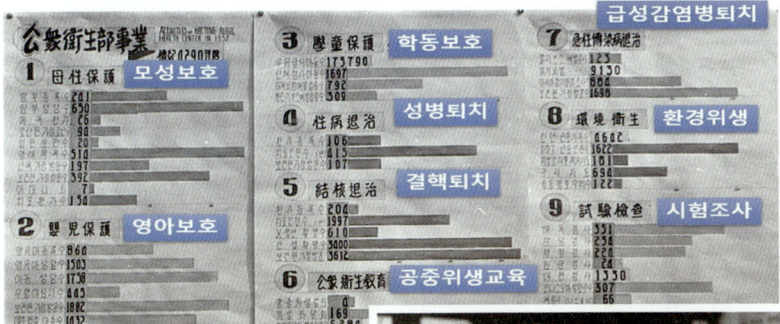

26 이영춘 박사와 농촌위생원의 활동 분야와 점검표

27 병원 집무실에서 일하는 이영춘 박사의 모습(1965년)

28 한국농촌위생연구소를 배경으로 이영춘 박사(가운데 한복)와 후임 원장이 된 김경식 박사(맨 왼쪽)

사진으로 보는 이영춘 박사   219

29 전쟁고아를 돌보기 위해 설립한 고아원 건물을 1969년 새로 짓는 광경(모세스 영아원)

30 미얀마 농민을 위해 일을 했던 미얀마의 시그레이브 선교사를 기념하여 재정을 기증 받아 신축하면서, 개정 중앙병원이 시그레이브 기념 병원으로 이름이 바뀌었다. 1970년 개원식 모습

31 이영춘 박사가 농민을 위해 군산 개정에 설립한 농촌위생연구소, 병원, 간호대학, 영아원 전경(1970년)

한국형 농촌 복지 모델 – 의료, 농촌위생, 교육, 보건소, 구호소

1970년대 전북 군산시 개정동 복합 단지 – 한국농촌위생연구소 개정병원, 정신병원, 개정간호대학(현재 군산간호대학교), 모세스 영아원 전경

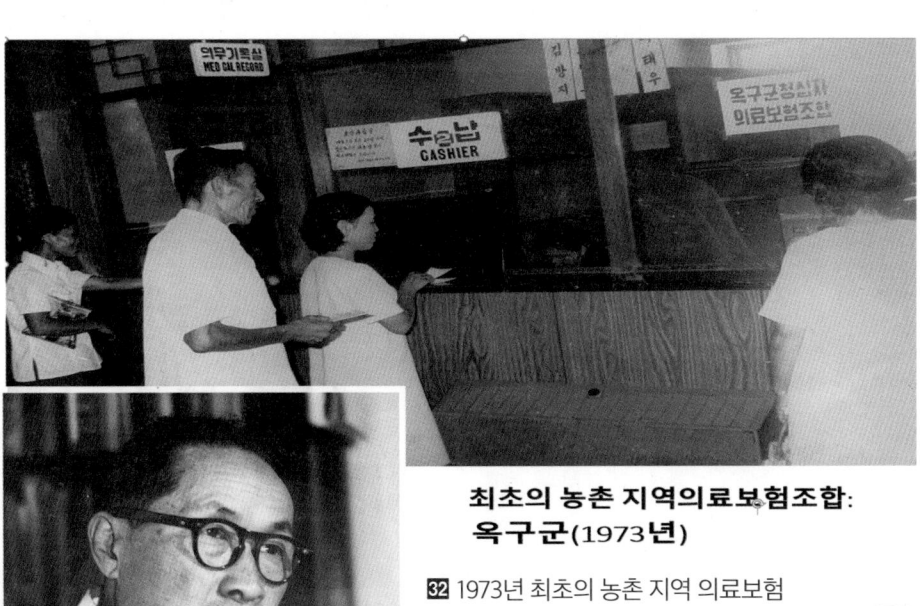

최초의 농촌 지역 의료보험조합: 옥구군(1973년)

32 1973년 최초의 농촌 지역 의료보험조합을 전북 옥구군 일대에 실시하였다.

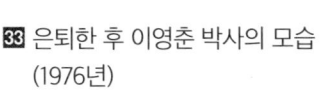

33 은퇴한 후 이영춘 박사의 모습 (1976년)

사진으로 보는 이영춘 박사

34 이영춘 박사는 은퇴 이후 국제로터리클럽 377지구(전라남북도) 총재로 사회봉사에 전념하였다.

35 "한국의 슈바이처"라고 소개된 동아일보의 이영춘 박사 서거 소식(1980년 11월 26일자) 당시 8면인 신문의 6, 7면을 할애하였다.

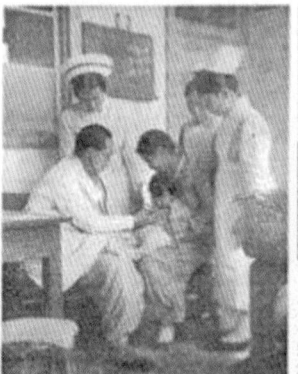

36 "한국의 슈바이처"라고 소개된 동아일보의 이영춘 박사 서거 소식(1980년 11월 26일자)

37 민간인이 받을 수 있는 최고의 훈장인 국민훈장 무궁화장을 이영춘 박사에게 추서하였다 (1980년)

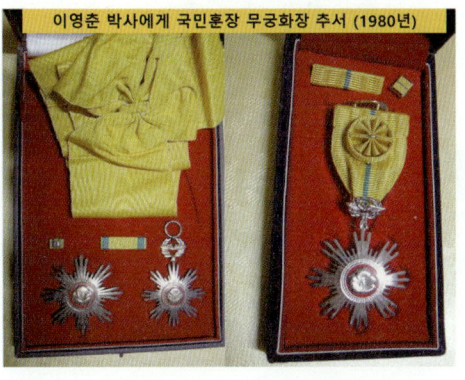
이영춘 박사에게 국민훈장 무궁화장 추서 (1980년)

38 2013년 군산근대 역사박물관에서 이영춘 박사 기획전시회 포스터

39 2011년부터 현재까지 해마다 군산 시민들이 자발적으로 이영춘 박사 추모 음악회를 개최하고 있다. 2019년에 열린 이영춘 추모제에서 참가한 군산간호대학교 학생들(서쪽사람들 주관)

40 개정 지역 주민들은 동네 이름을 "이영춘 마을"로 결정하고, 농민을 위해 일했던 그의 삶을 기리고 있다.

41 군산 개정동 봉정요양원 마당에 있는 이영춘 박사 동상(1981년 제작)

42 문화재로 지정한 이영춘 가옥(기념관)을 방문한 몽골 울란바타르대학교 졸업생들(2010년)